HAI-MALBUCH FÜR KINDER

DIESES BUCH GEHÖRT ZU:

© Copyright 2021 - Alle Rechte vorbehalten.

Sie dürfen den Inhalt dieses Buches nicht ohne direkte schriftliche Genehmigung des Autors reproduzieren, vervielfältigen oder versenden. Sie können hiermit trotz aller Umstände den Herausgeber weder direkt noch indirekt für jegliche Reparationen, Entschädigungen oder Geldverluste aufgrund der hierin enthaltenen Informationen verantwortlich machen oder ihn rechtlich zur Verantwortung ziehen.

Rechtlicher Hinweis: Dieses Buch ist urheberrechtlich geschützt. Sie können das Buch für persönliche Zwecke verwenden. Sie dürfen das in diesem Buch enthaltene Material weder ganz noch teilweise verkaufen, verwenden, verändern, verbreiten, zitieren, auszugsweise übernehmen oder paraphrasieren, ohne vorher die Erlaubnis des Autors einzuholen.

Hinweis zum Haftungsausschluss: Bitte beachten Sie, dass die Informationen in diesem Dokument nur zum gelegentlichen Lesen und zur Unterhaltung dienen. Wir haben uns nach besten Kräften bemüht, genaue, aktuelle und zuverlässige Informationen bereitzustellen. Wir geben keine ausdrücklichen oder stillschweigenden Garantien irgendwelcher Art. Die Personen, die dieses Dokument lesen, geben zu, dass der Verfasser nicht damit beschäftigt ist, rechtliche, finanzielle, medizinische oder andere Ratschläge zu erteilen. Wir stellen den Inhalt dieses Buches an verschiedenen Stellen zusammen.

Bitte konsultieren Sie einen lizenzierten Fachmann, bevor Sie die in diesem Buch gezeigten Techniken ausprobieren. Durch die Lektüre dieses Dokuments kommt der Buchliebhaber zu einer Vereinbarung, dass der Autor unter keinen Umständen für den direkten oder indirekten Verfall verantwortlich ist, der ihm durch die Verwendung des in diesem Dokument enthaltenen Materials entstehen kann, einschließlich, aber nicht beschränkt auf - Fehler, Auslassungen oder Ungenauigkeiten.

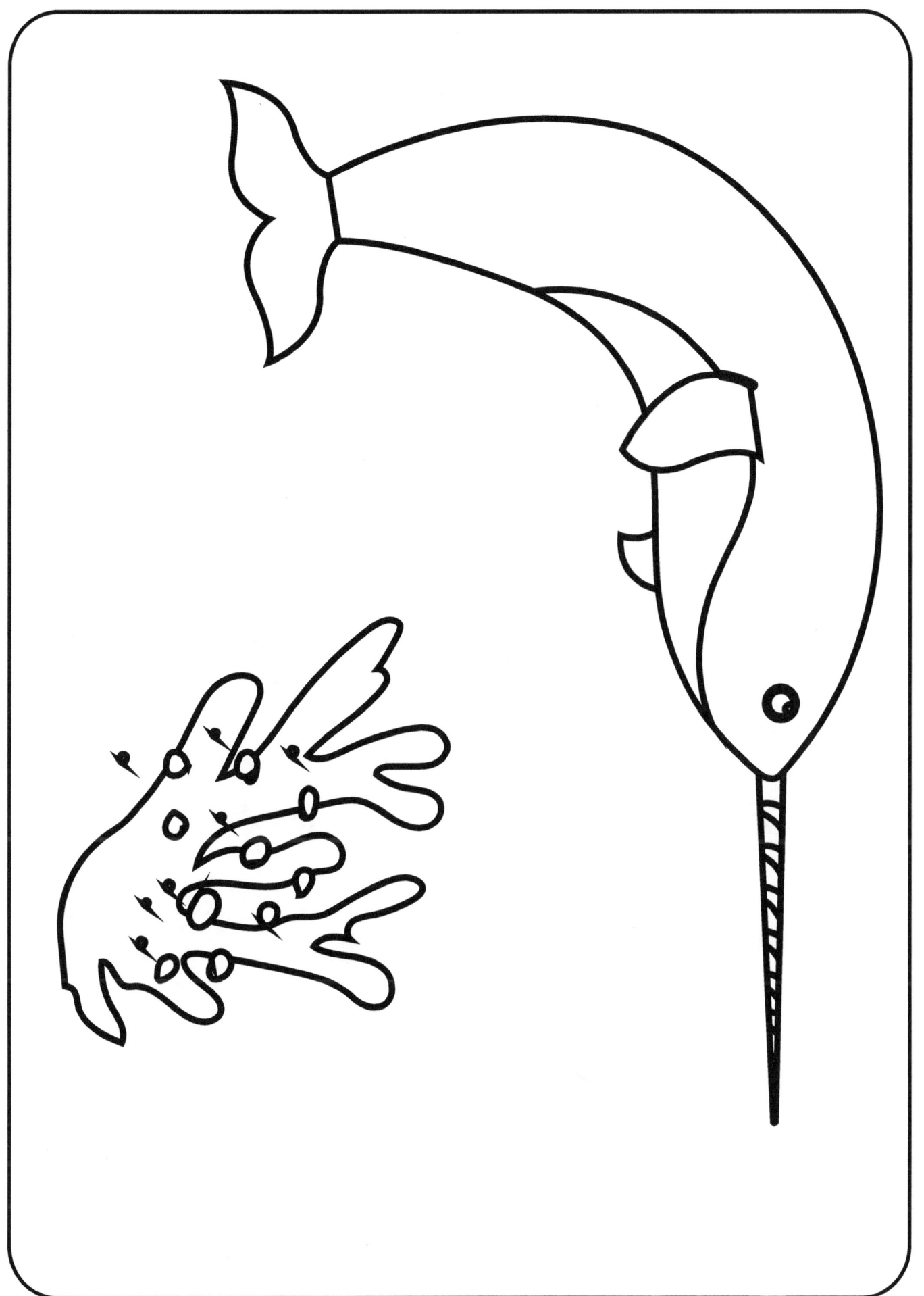

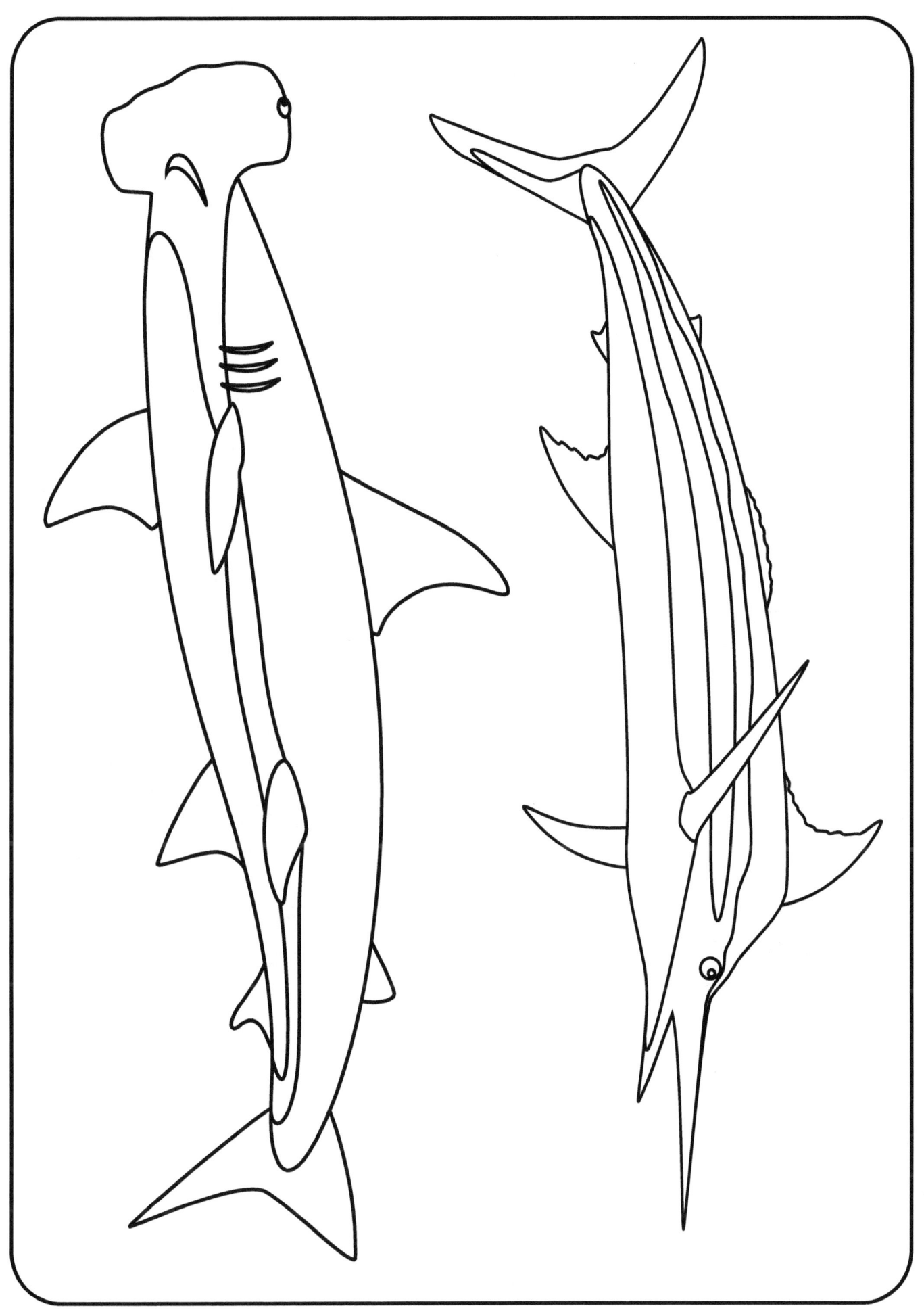

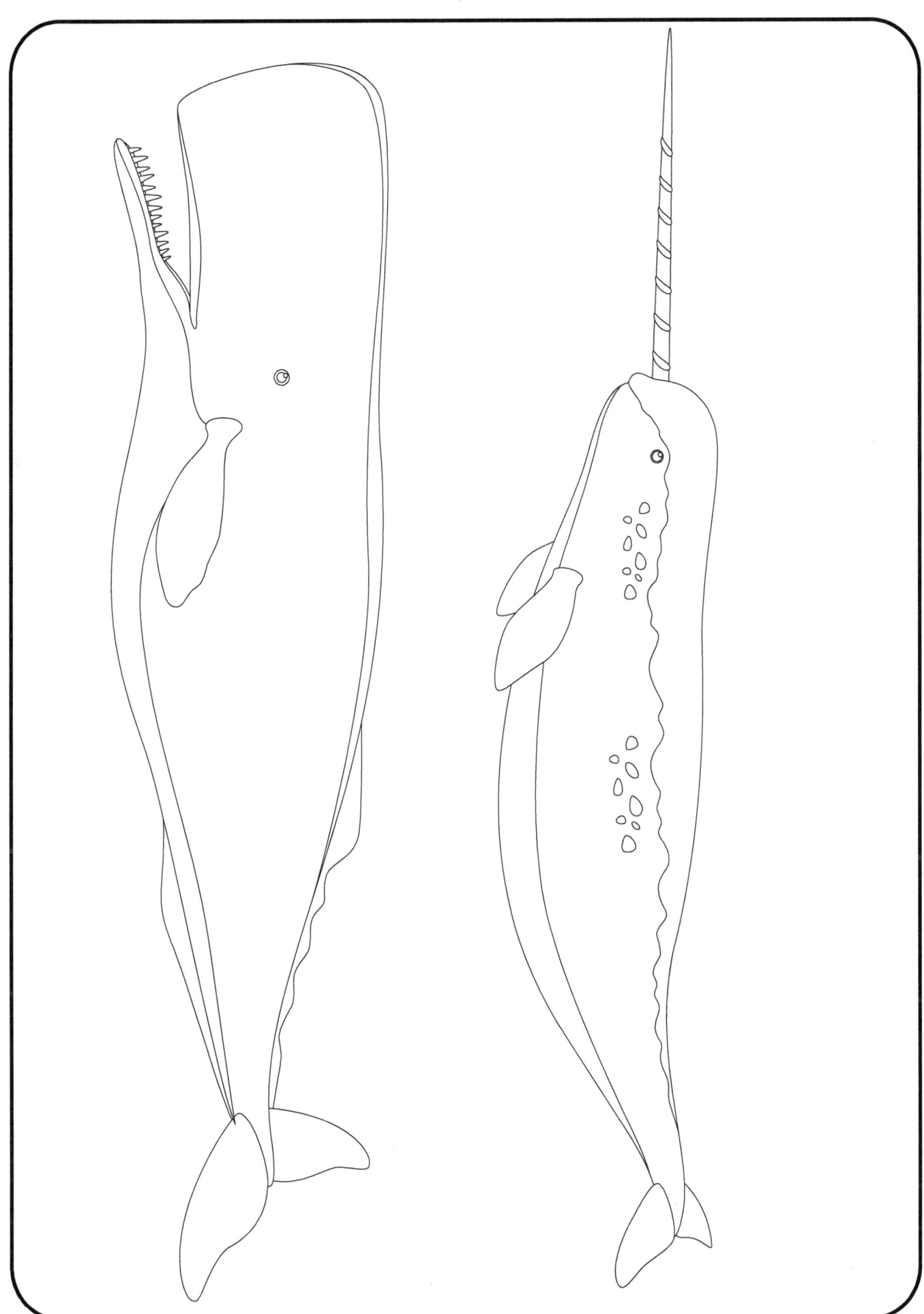

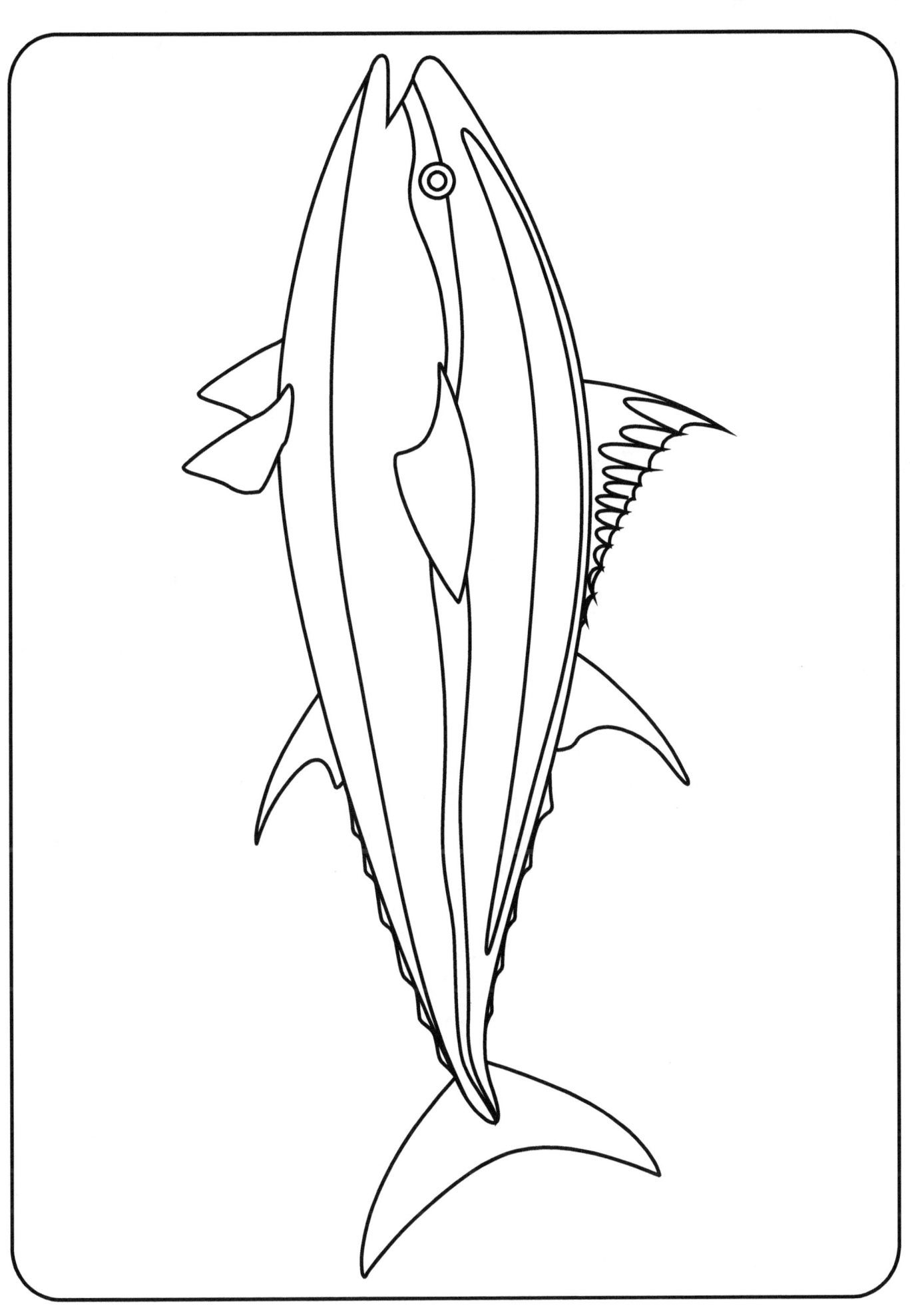

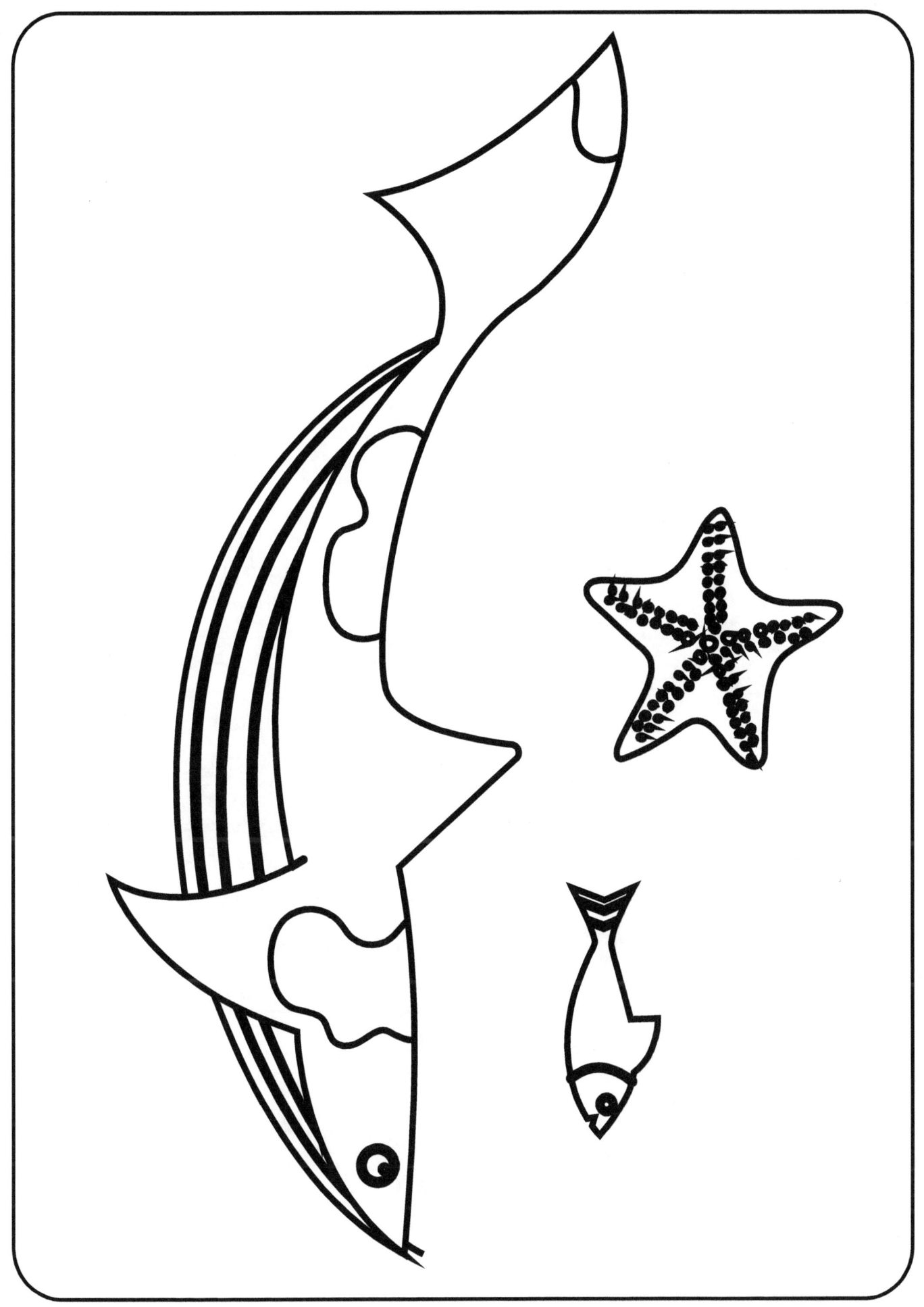

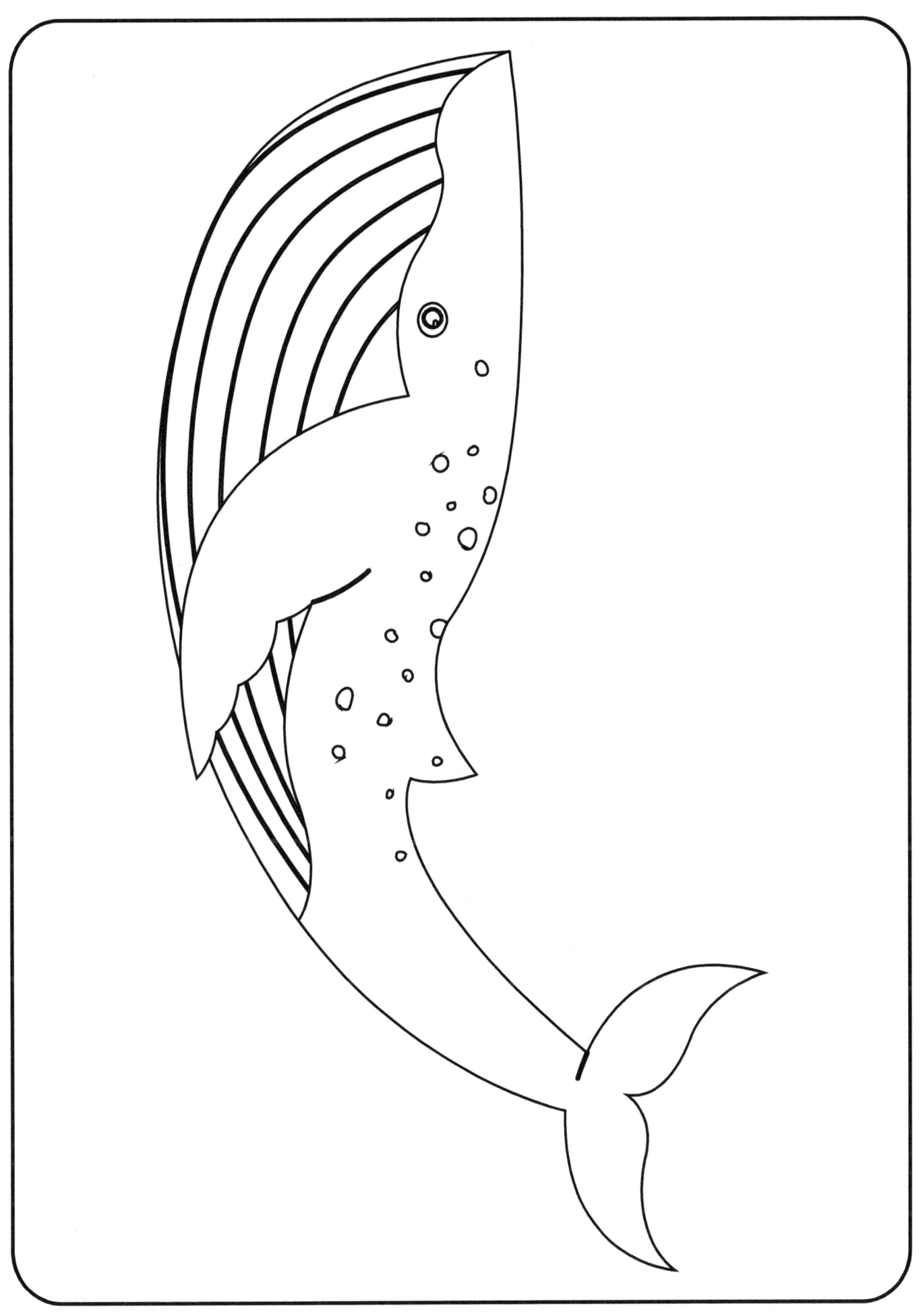

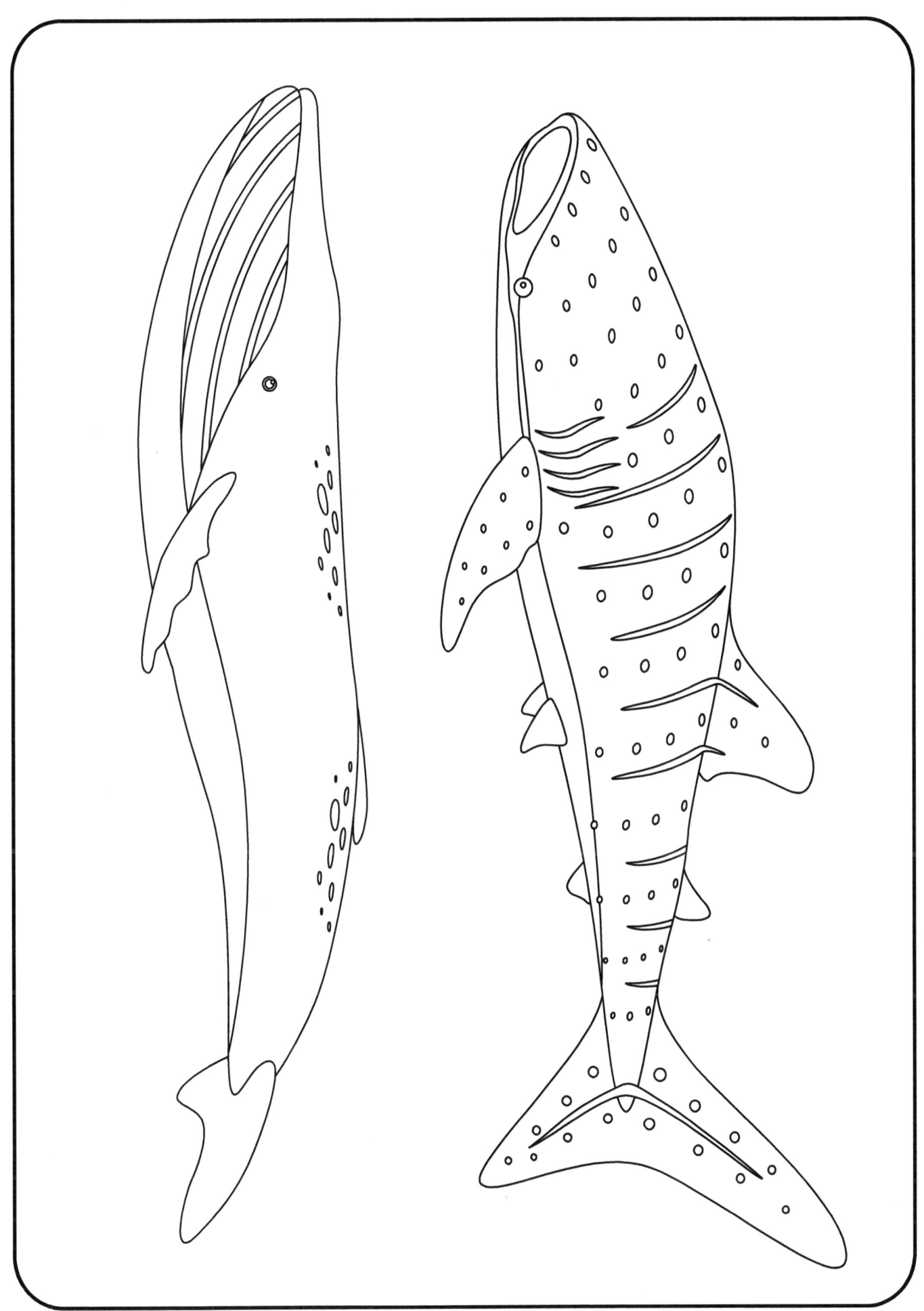

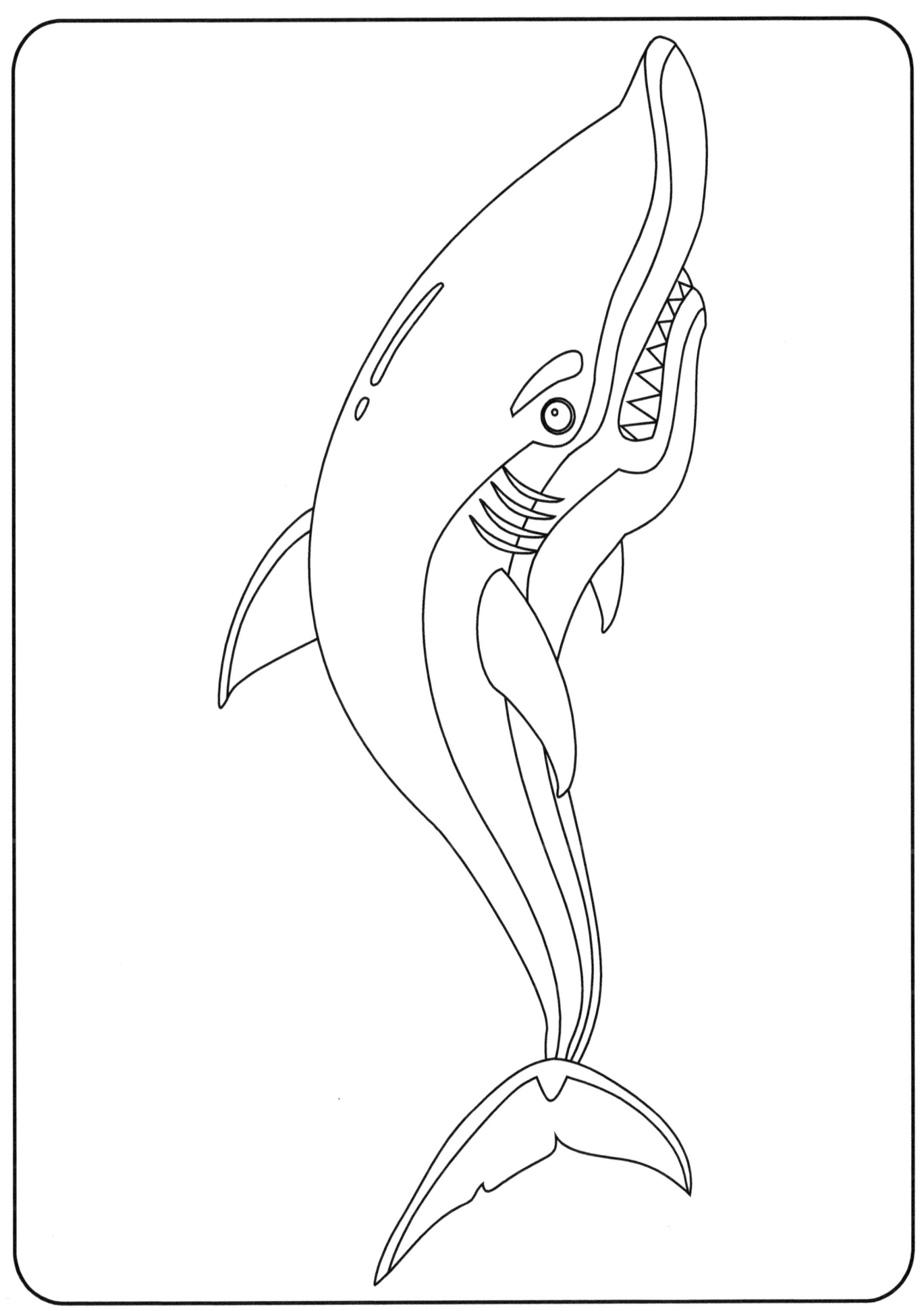

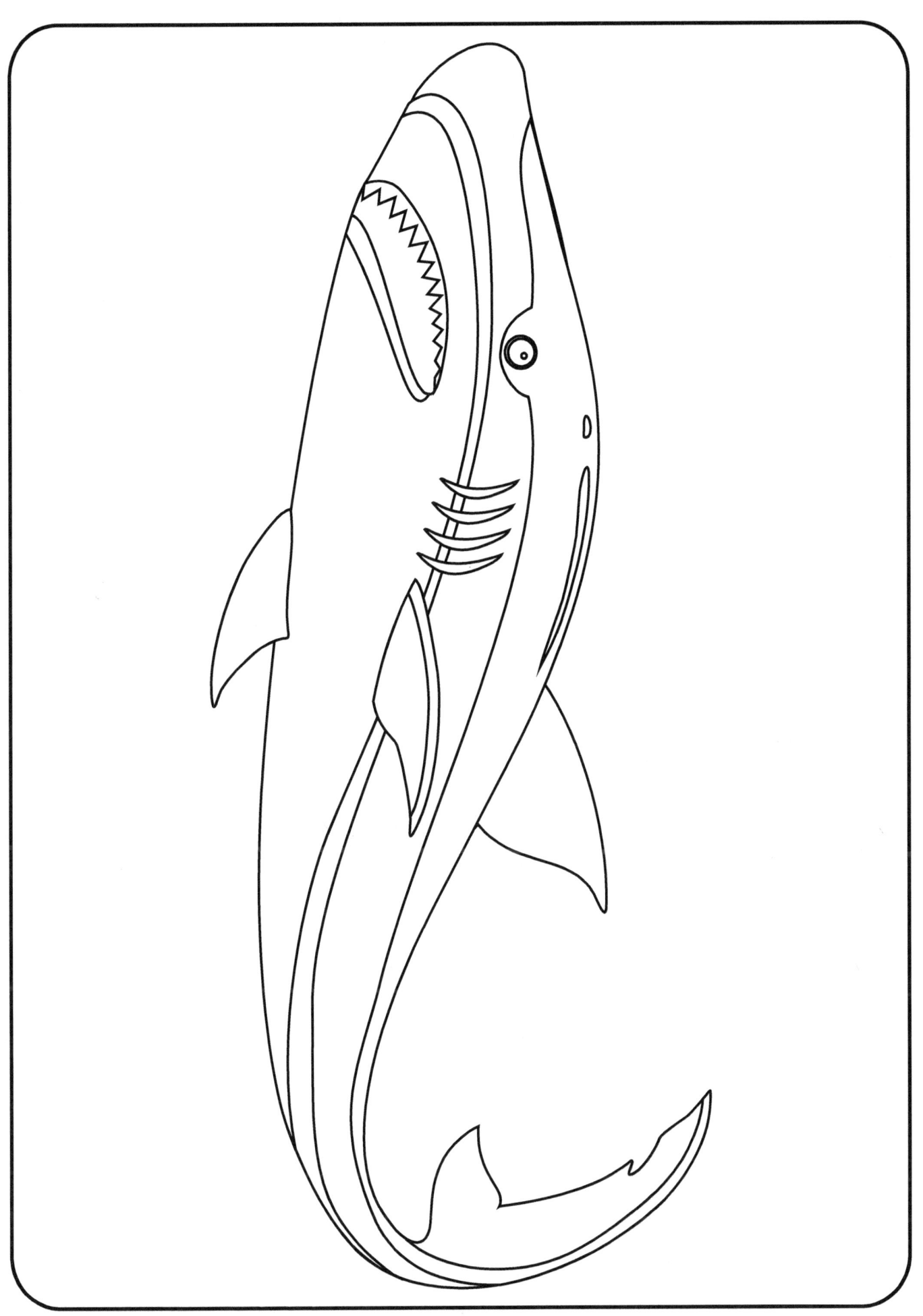

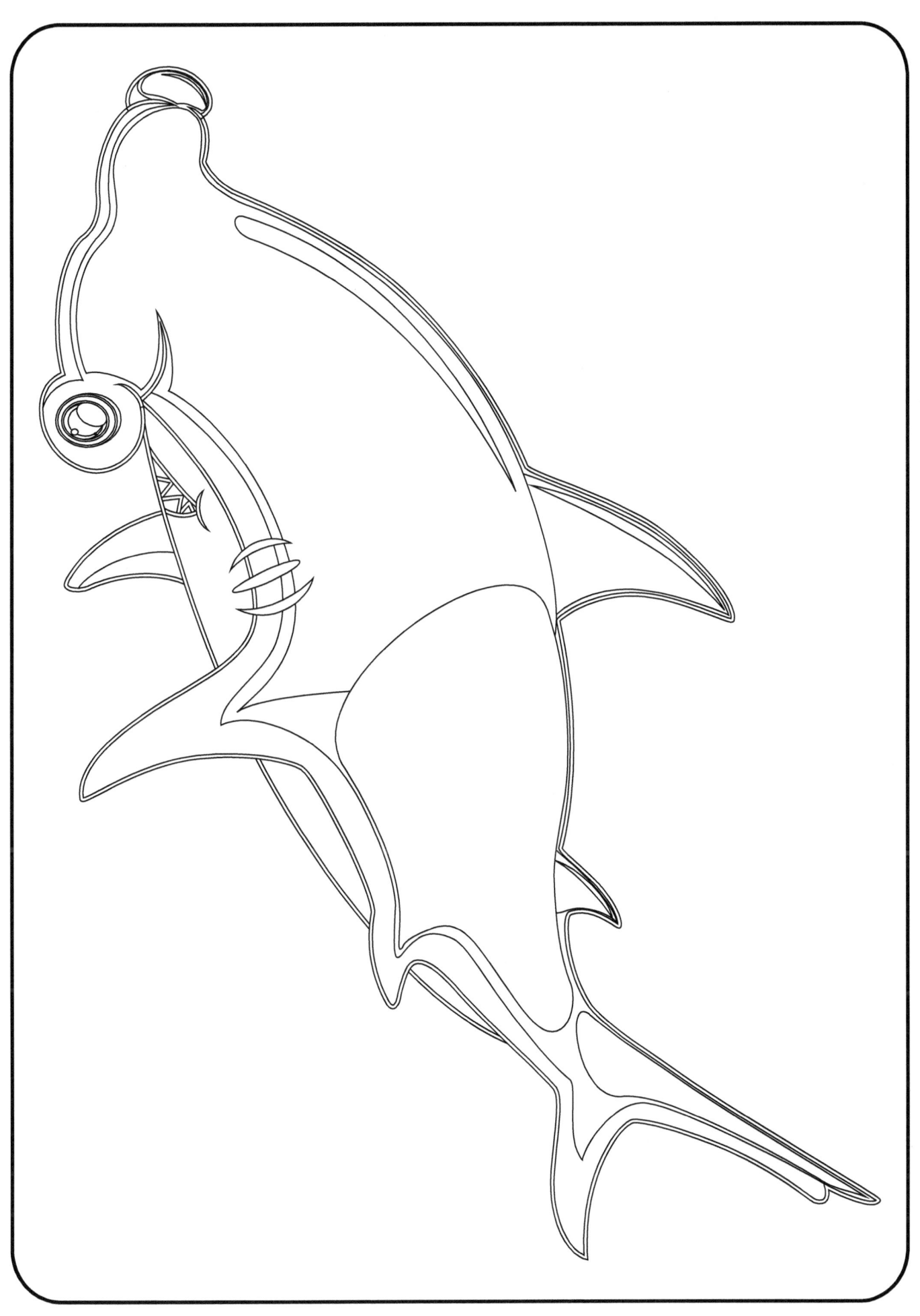

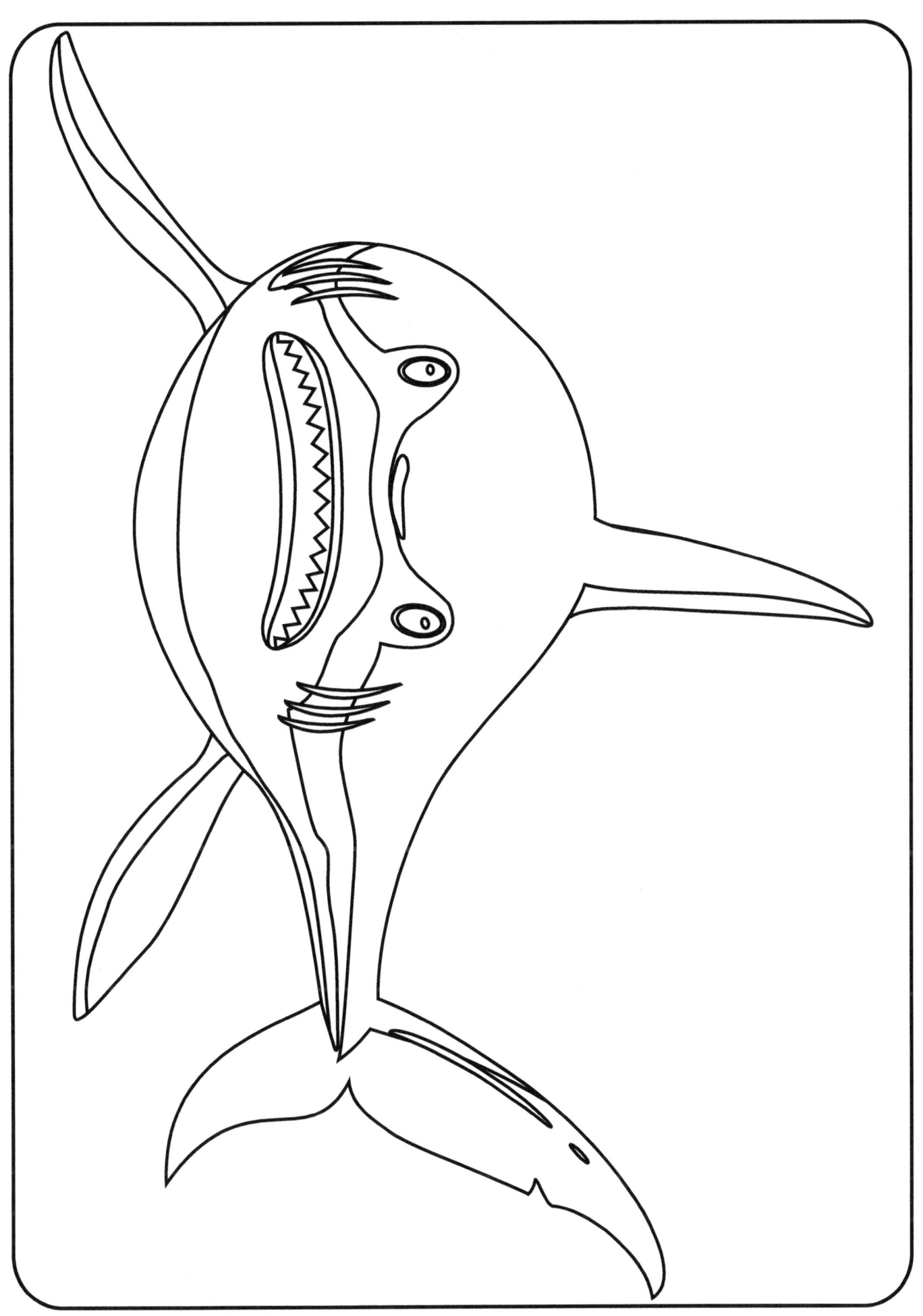

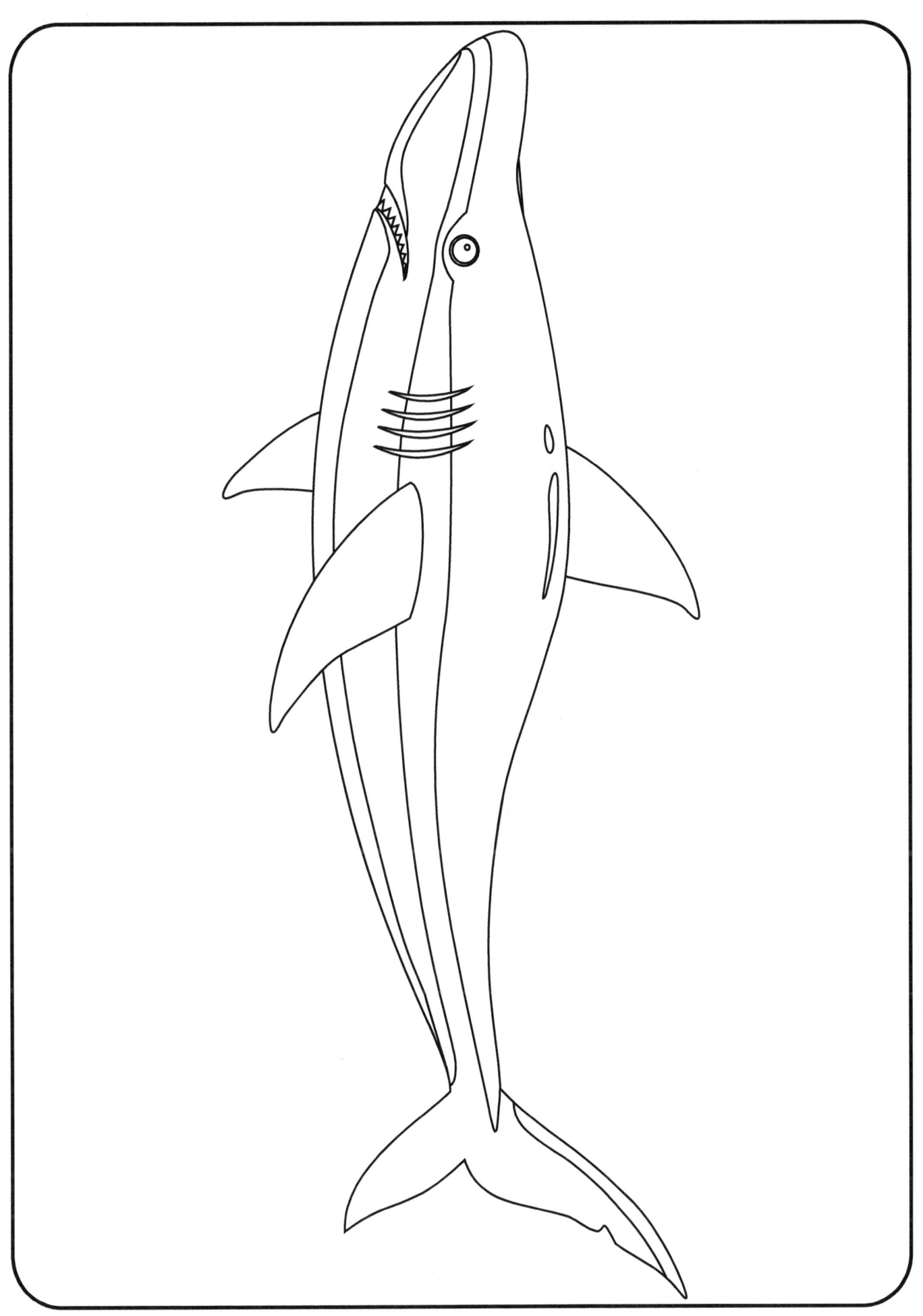

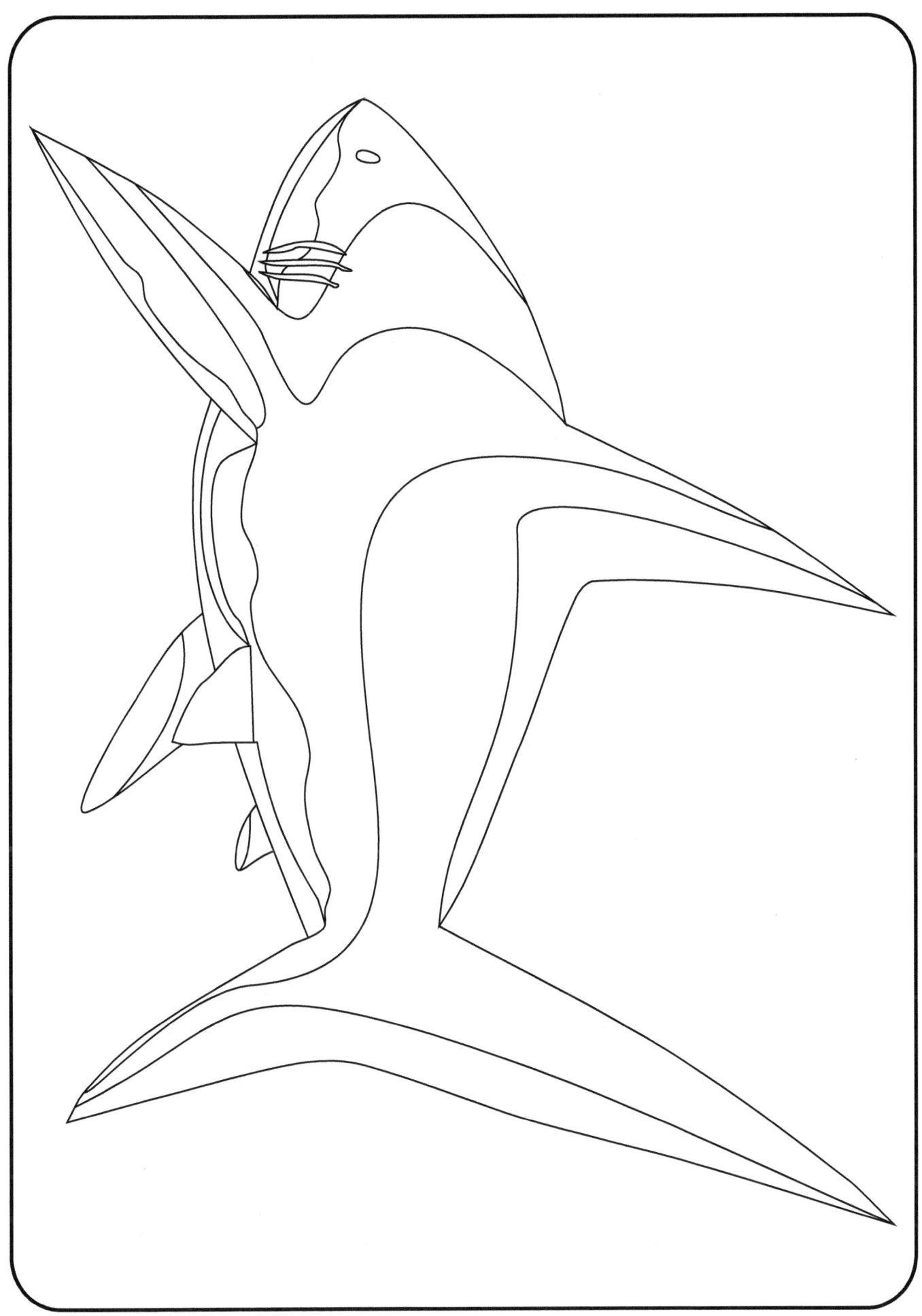

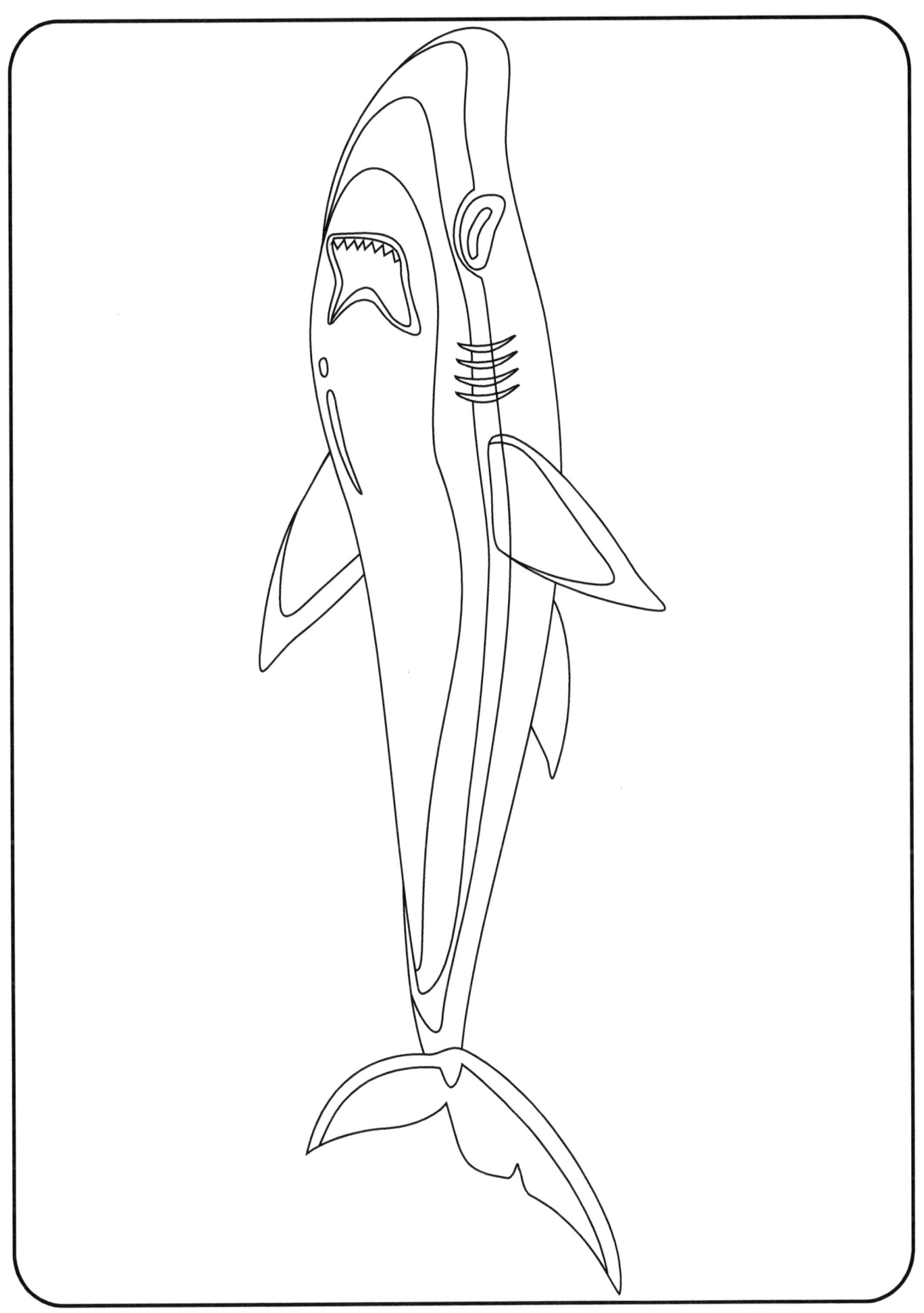

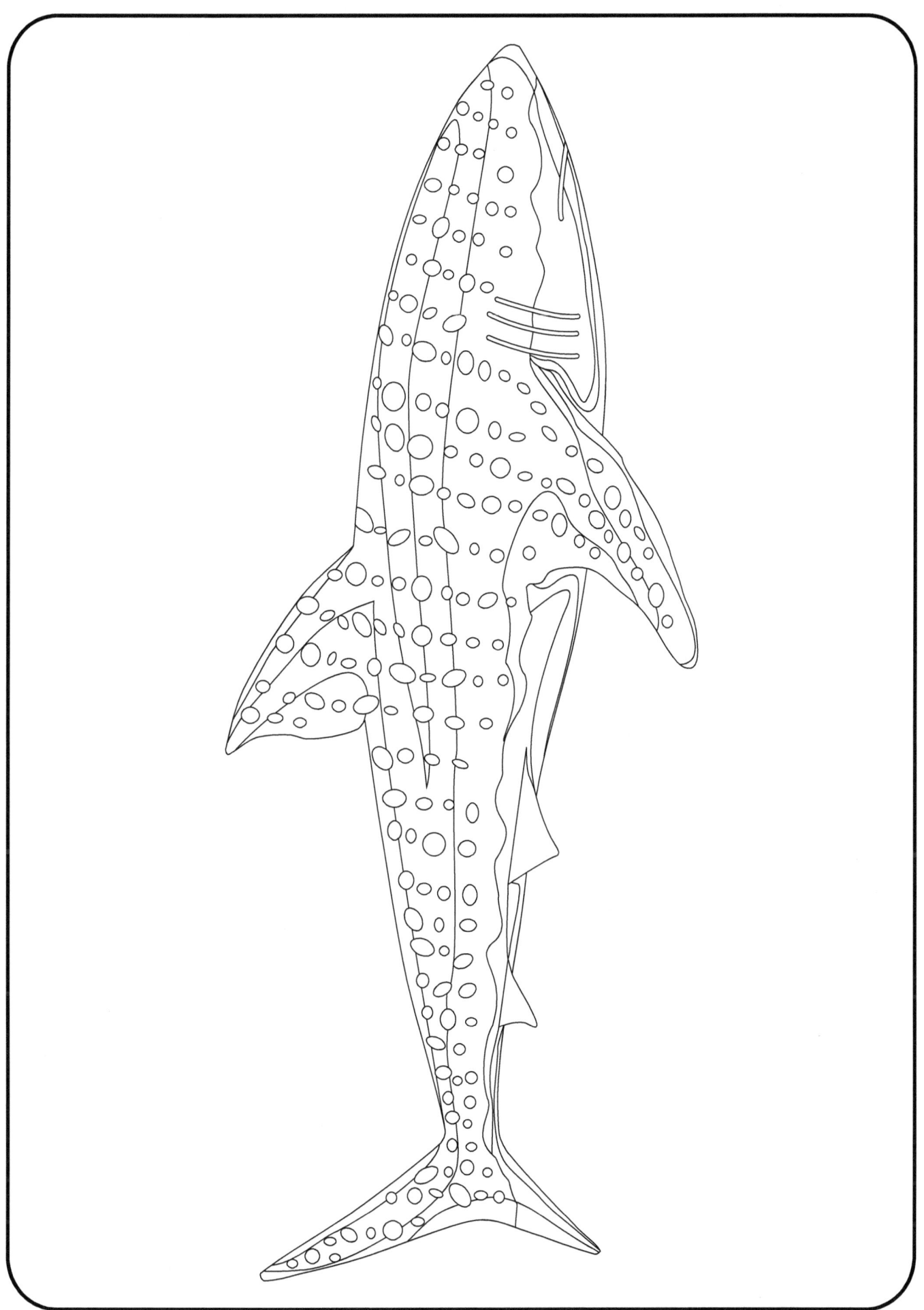

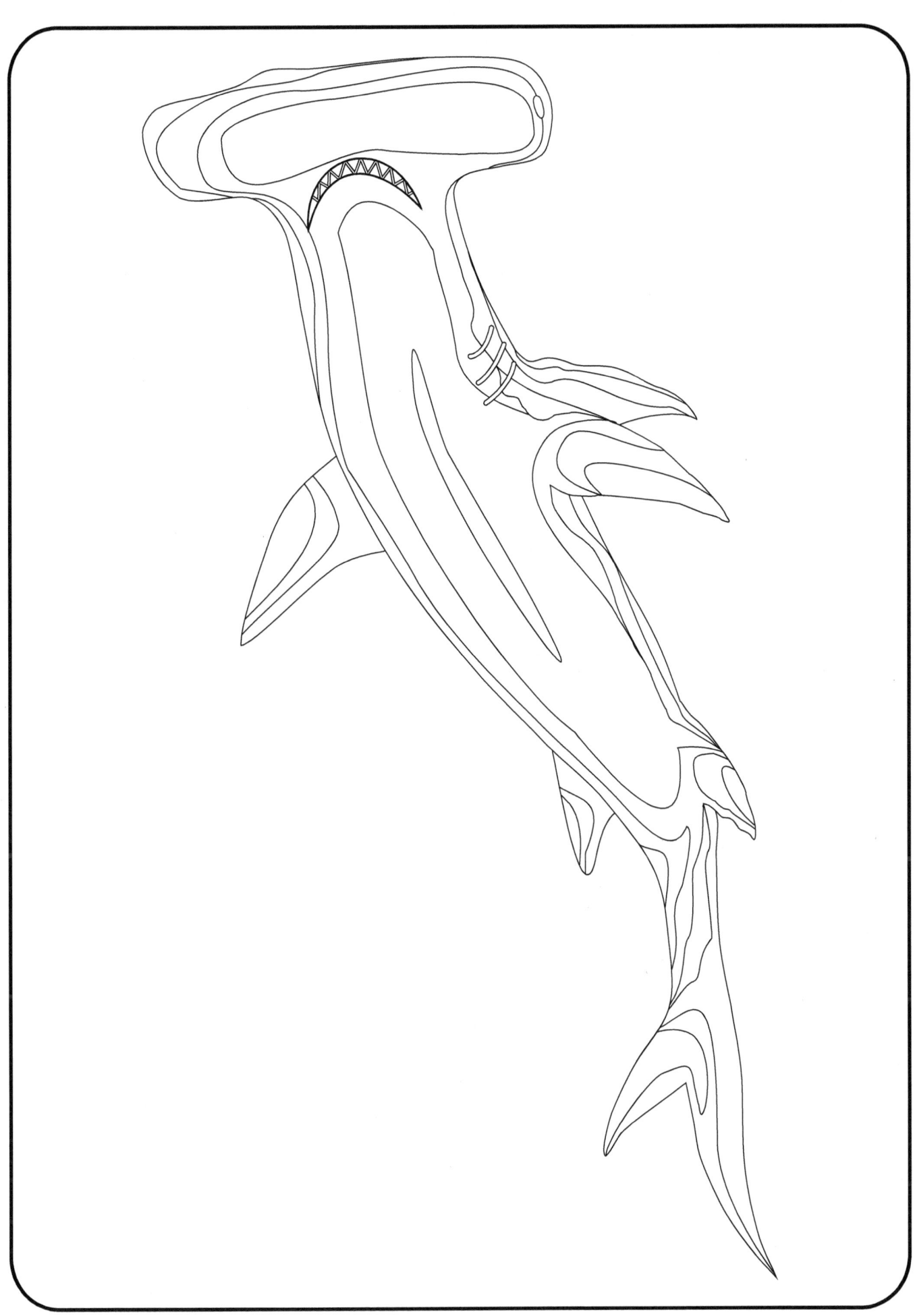

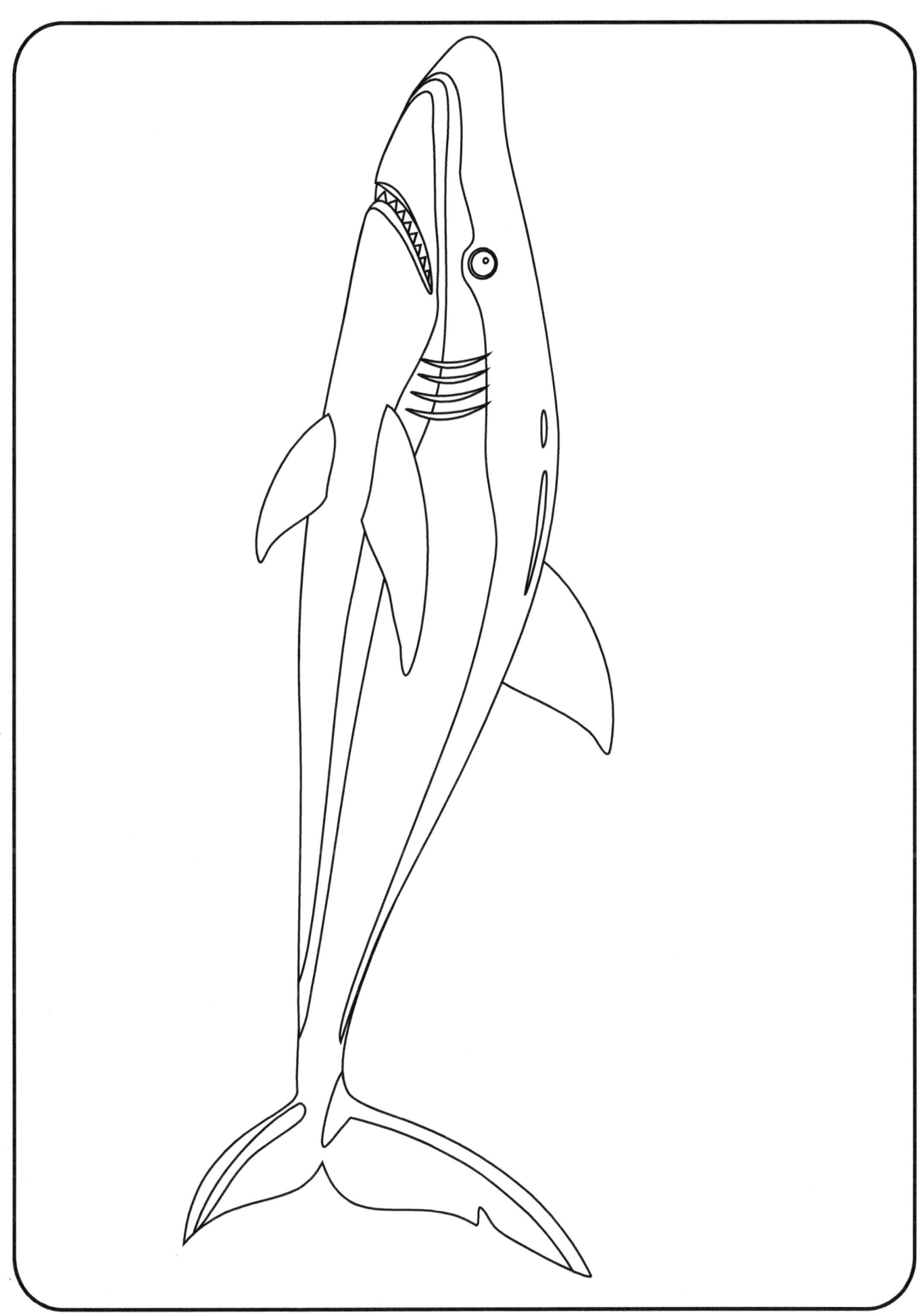

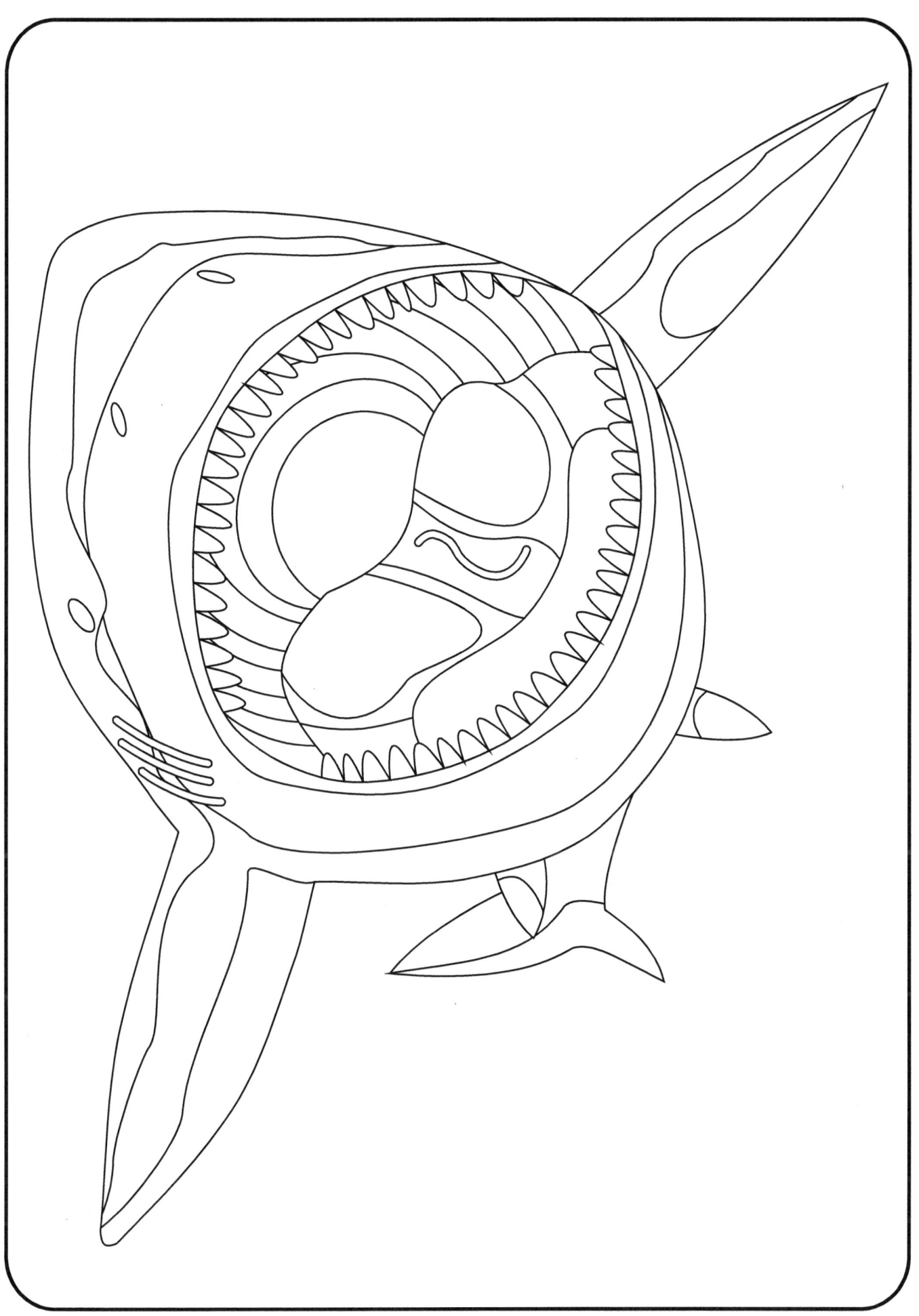

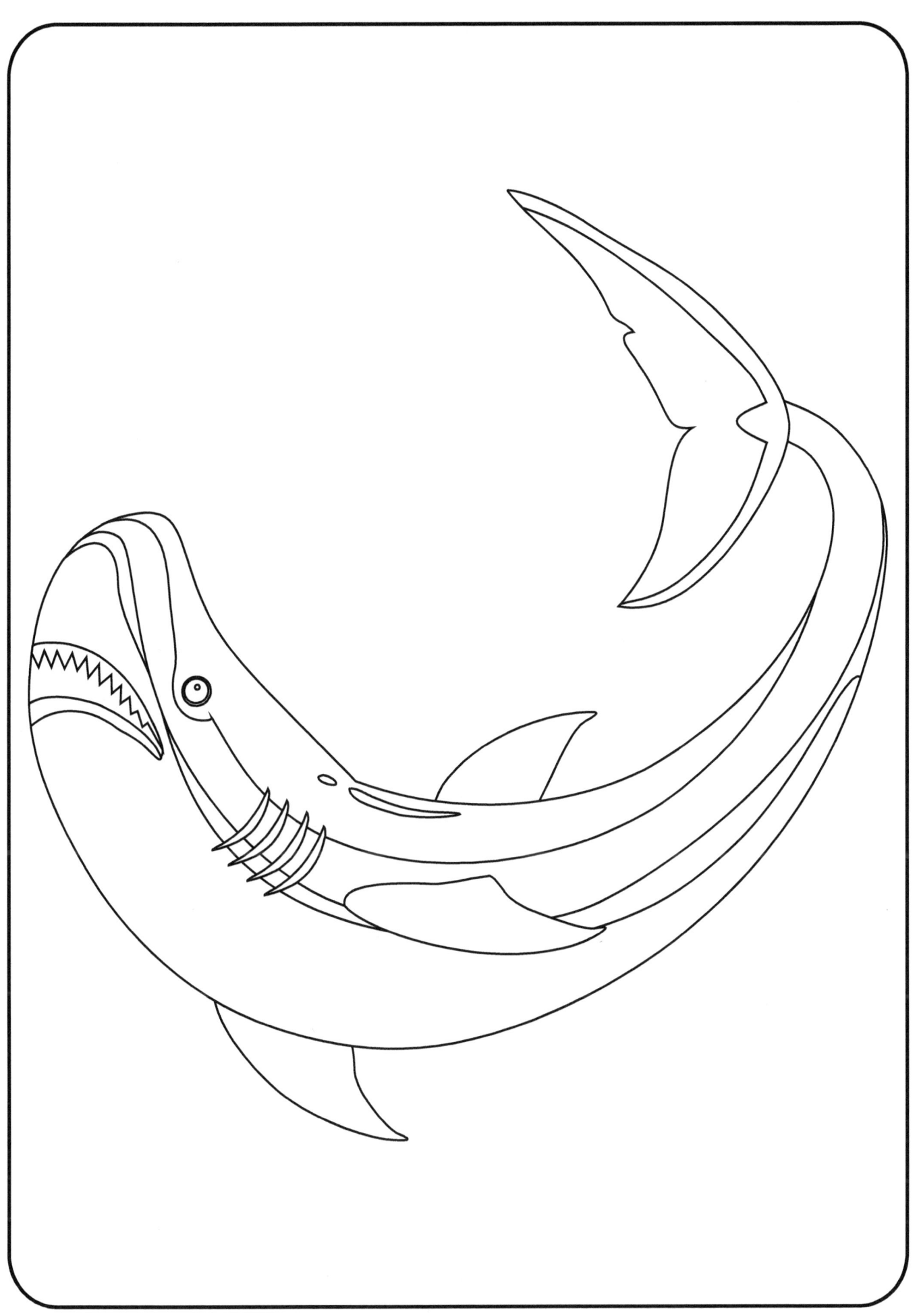

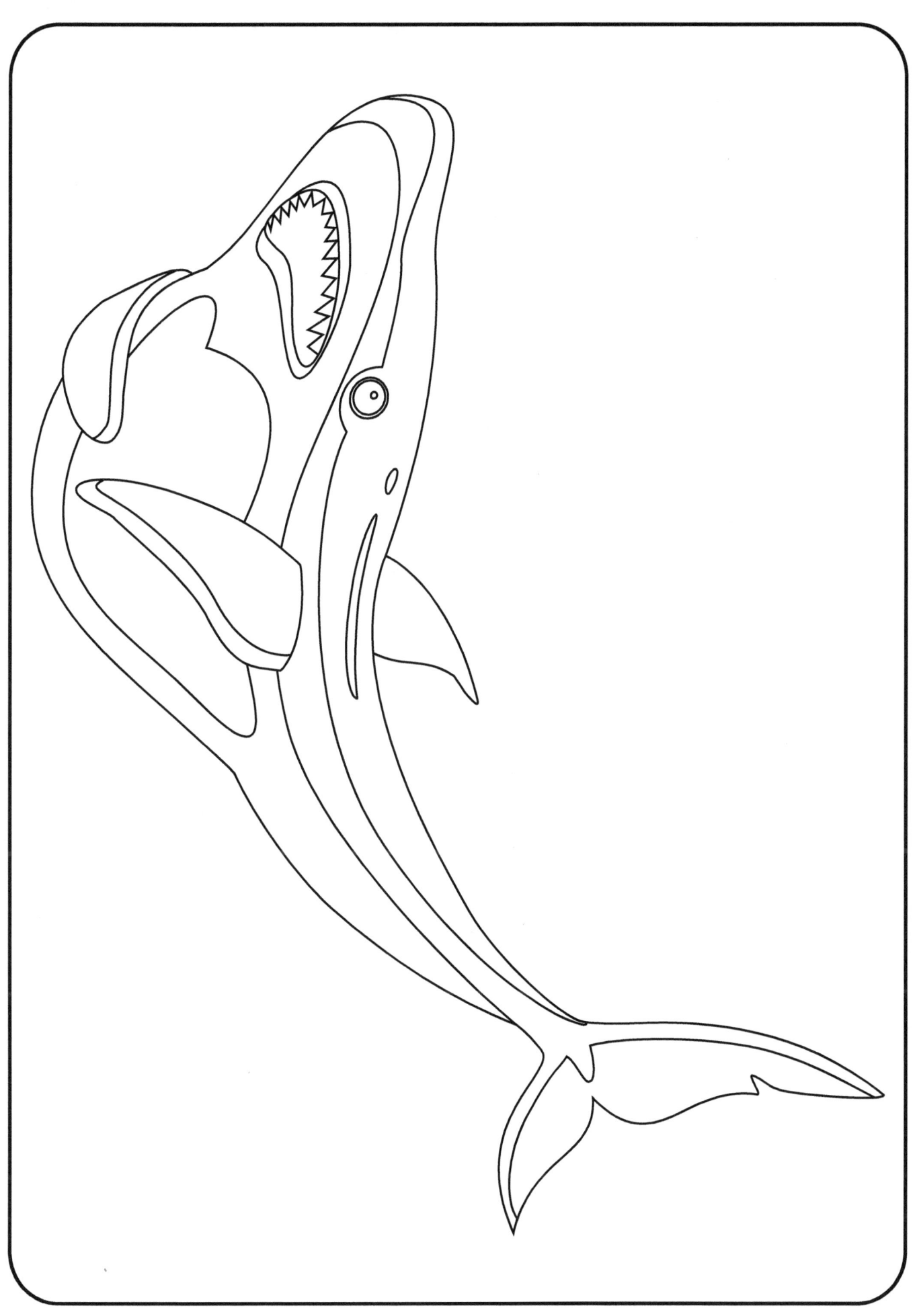

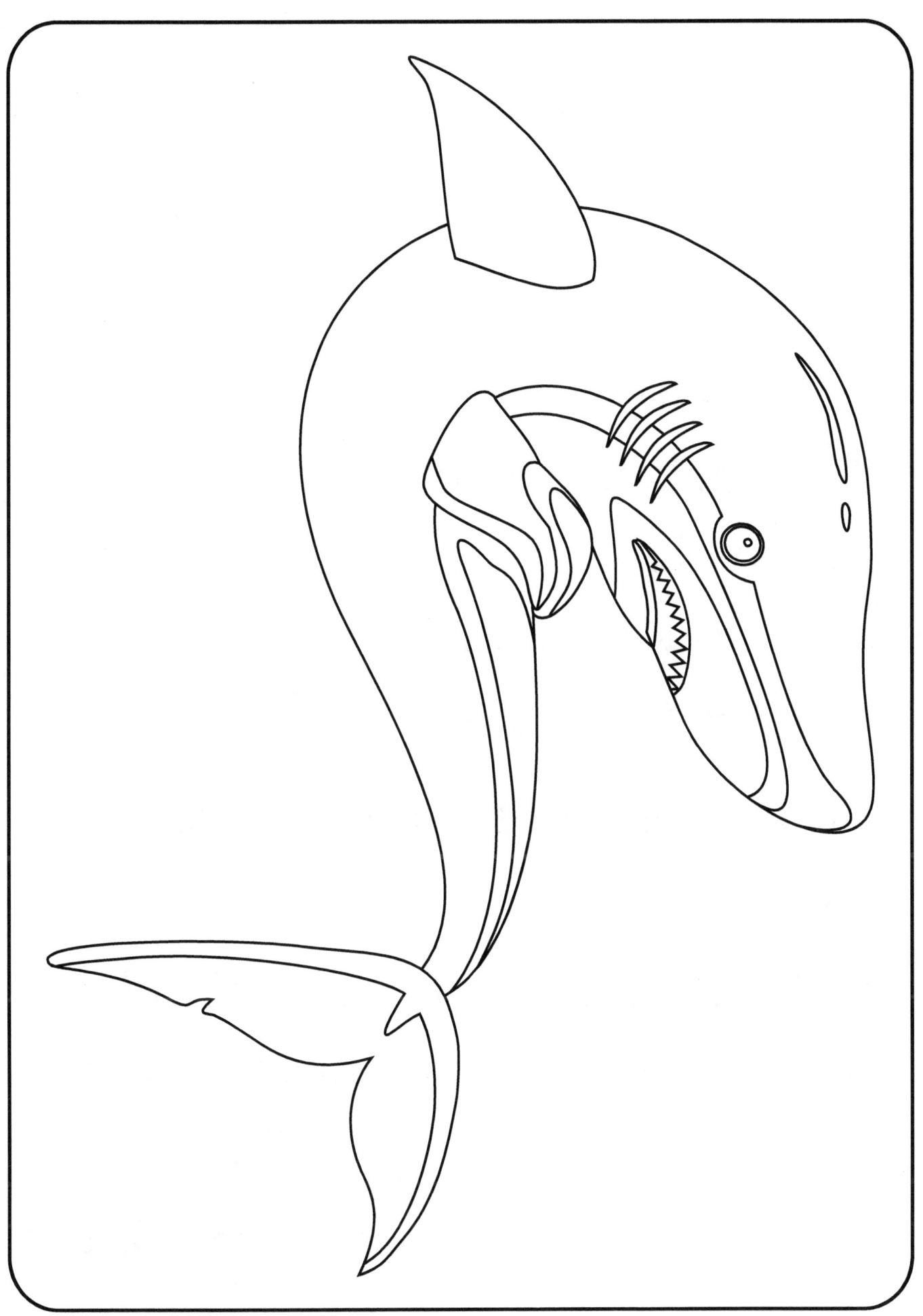

Hallo zusammen!!!

Wir hoffen, dass Ihnen unser Buch gefallen hat. Als kleines Familienunternehmen ist uns Ihr Feedback sehr wichtig. Bitte lassen Sie uns wissen, wie Ihnen unser Buch gefällt unter:
believepublisher@gmail.com

Ohne Ihre Stimme gibt es uns nicht!

Bitte, unterstützen Sie uns und hinterlassen Sie eine Bewertung!

Danke schön!!!